お浄土はいのちのふるさと

小川一乗 著

法藏館

目次

お浄土はいのちのふるさと

死を遠ざけようとする現代人

浄土往生を説かなくなった現代

先日ご本山で「宗祖《しゅうそ》親鸞《しんらん》聖人《しょうにん》七百五十回御遠忌《ごえんき》真宗本廟《しんしゅうほんびょう》お待ち受け大会」というのがあって、熊谷《くまがい》宗恵《そうえ》宗務総長の所信表明がありました。その中で、宗務総長はこう言っておられました。

皆さまがたもお気づきのことと思いますが、最近の地震、洪水、火災等々の災害で犠牲者が出たとき、ご遺族は、テレビの中でマイクに向かって、大抵は「（犠牲者は）天国へ往った」と言われています。それらの方々はたまたまキリスト教徒なのかもしれませんが、とにかくテレビでは、「お浄土」「極楽」「弥陀のお浄土」「ほとけさまのところ」といった言葉は、ほとんど聞かれなくなりました。古くからの門徒《もんと》地帯と思われる地域の人々の口からも、「天国」という言葉が出てまいります。実際の布教の場ではどうなっているのでしょうか。住職の口からさえ、「お浄土へ往生された」とは言われないという声も聞きます。

このように、布教の現場で、「阿弥陀さまのお浄土へ往生された」と言えないということは、真宗としてまことに深刻な事態と言わざるを得ません。これは、布教現場だけの問題ではなく、もとをただせば基礎教学そのものの問題でありましょう。

真宗《しんしゅう》の流れを汲んでいる人たちも、亡くなった人たちは「天国に行ったのです」と言うようになっていて、お浄土へ往生された、あるいは、お浄土へお帰りになられたということが、なかなか言えなくなっているということです。お浄土がわからなくなっているということです。そうであるならば、これは浄土真宗にとって、ほんとうに致命的な事態になっていると思います。そのような状況になった原因の一つは、お浄土ということを娑婆《しゃば》の延長線上に置いて、お浄土をこの世の出来事にしようとする教学の声が、少し大きくなりすぎているからではないでしょうか。そういう意味で、これまでの浄土真宗の教学の見直しというものを、今度の親鸞聖人《しんらんしょうにん》の七百五十回御遠忌をご縁として、私たちの課題としていかなければならない、見直していかなければならないということになります。

親鸞聖人は『歎異抄《たんにしょう》』第九条の中で、

娑婆《しゃば》の縁《えん》つきて、ちからなくしておわるときに、かの土《ど》へはまいるべきなり。

と言われています。その「かの土」を、お浄土として語れなくなってしまっている。

たとえば、イラク戦争が起これば「兵戈無用《ひょうがむよう》」という『無量寿経《むりょうじゅきょう》』にあるお言葉を持ち出してくる。「兵」は兵隊、「戈」は武器ですから、「兵戈無用」というのは、武器や軍隊を必要としないということで、そういう戦争のない世界がお浄土として願われるということです。また、いろいろな差別が行なわれれば、差別のない世界がお浄土であるとか、善知識《ぜんぢしき》にお遇いするのがお浄土であるなどと、お浄土をこの世の出来事の延長上に結び付けて、その浄土に照らされて、この穢土《えど》が明らかになると説明するわけです。そして、それだけで終わってしまっている。お浄土とは「いのち」にとってのお浄土であるということへの確かめが置き去りにされている。だから、「ちからなくしておはるときに、かの土へはまいるべきなり」という、「かの土」がいただけなくなってしまっている。そういうことが、いま深刻な問題ではなかろうかと思います。

そういう意味で、「お浄土に往生されました」と、きちんと言い切っていける教えを回復しなければならないのではないかと日ごろ思っていまして、たまたま熊谷《くまがい》宗務総長さんも同じことを言っておられますので、そういうことでいいのだと思って、今日もまたお話をしたいと思います。

いのちを大切に

そこでまず、「いのち」ということをきちんと押さえていきたいと思います。最近、教育の場でも「いのちを大切に」ということをさかんに言います。この場合のいのちは、どういう意味でしょうか。この場合は、生命とか体という意味のいのちだと思います。要するに、親は子を殺し、子は親を殺し、何の理由もなく、ムカつくからといって人を殺す、生命を奪っていく、そのように生命を軽く考える時代を反省して、そういう意味で「いのちを大切に」

ということがさかんに言われるようになったのだと思います。

しかし、「いのちを大切に」と言われても、あまり元気が出ません。何か他人事に聞こえませんか。

だいぶ前、鹿児島で研修会があって、このいのちの問題をお話しました。その研修会で、六十歳だというある人から、

「最近の若い者はいのちを粗末にして平気で人を殺す。困ったものだ。あなた方、宗教家は、もっといのちを大切にということを言わなければいけない。そして、若い人がいのちを粗末にすることを、間違いだということを言ってもらわなければ困る」

というような発言がありました。

それで私は、「あなたは、六十年間の自分を振り返ってみて、あなた自身がほんとうにいのちを大切に生きてきましたか」と尋ねたのです。

「子どもは、オギャーと生まれて、何の汚れもありません。子どもが、若い人たちが、軽々しく人のいのちを奪うのは、そういう大人の背中を見て大きくなったから、そうなったのではないのだろうか。だから、私たちが、そういう子どもたちをつくり上げてしまったのだと、自分の問題としてそれを捉えていかなければ、いのちを大切にと、いくら言っても意味がない。ほんとうに私はいのちを大切に生きてきたのだろうかと、そこに慚愧《ざんき》というか、自分の生き方に深い悲しみを持ったときに、ほんとうの、いのちを大切にしていこうという世界が開けてくるのではないのだろうか」

と言いました。

だから、「いのちを大切に」というと、「私と関係ないけれども、いのちを大切にしなさい」と、なんとなく他人事のようにそう言っているような響きがあって、あまり元気が出てこないのです。

いろいろな意味のいのち

私は十八歳で大谷《おおたに》大学へ入り、昨年の五月に六十八歳で学長の任期が終わり、教員生活を終えました。ですから、五十年間、北海道と京都を行き来したわけです。

最初は国鉄だったのですが、後には飛行機に乗るようになりました。最近では、いろいろな音楽番組や落語を聞くことができるようになっています。それで、音楽を聴きながら寝るのがいちばんいいので、私はいつも演歌を聴きます。そうしたら、「君こそわが命」という、あの低く太く、すごみを利かせた歌声が聴こえてきました。水原弘です。「ああ、懐かしいな」と思いました。

ところで、「君こそわが命」と言われたら、何となく元気が出ませんか。

「あなたがいのちだ」と言われたら、なんだかうれしくなりませんか。そうすると、その場合のいのちは、生きることではなくて、愛とか夢とか希望とか、そういう大切なものをいのちと語っているのです。

「いのちを大切に」といった場合は、体を大切に、生きることを大切にということで、他人事に聞こえ、「君こそわがいのち」といった場合のいのちは、そこに人と人とのつながりがあり、何か元気の出るものを感じます。

だから、学校の先生も、他人事のように「いのちを大切に」と言わないで、「きみたちが私のいのちなんだ」「おまえたちがわしのいのちなんだ。頼むよ」と言って接したら、子どもたちも「先生、格好いいこと言っているけれども、そう言われたら、頼まれてやろうか」という気にならないでしょうか。そういう教育をされている先生は、たくさんおられると思います。

それから、また私たちも、大切な人、愛した人が亡くなったとき、「あの人はお浄土へ帰って行かれたけれども、あの人のいのちは私の中に生きています」と、そういうことも言うでしょう。その場合のいのちは、思い出とか、その人に対する感謝の気持ちであるとか、そのような思いでしょう。

このように、いのちという言葉を使いながら、中身はみんな違うのです。だから「いのちとは何か」というと、なかなか一つの概念によって決めがたいのです。

仏教はいのちをどう考えるのか

それでは、仏教ではいのちということをどういただいているのか。まずはじめに、仏教には、このような「いのち」に相当する言葉があるのだろうかということです。

『阿弥陀経《あみだきょう》』に、「若一日《にゃくいちにち》、若二日《にゃくににち》、若三日《にゃくさんにち》…」とあり、それに続いて

「一心不乱《いっしんふらん》、其人臨命終時《ごにんりんみょうじゅうじ》（その人がいのち終わるときに臨《のぞ》んで）」という言葉があります。ここに「いのち（命）」という言葉がありますが、その『阿弥陀経』のもともとの本、インドの言葉のお経には、いのちという言葉はないのです。漢文に直したときに、訳した人が「いのち（命）」という字を加えているのです。もとのインドの言葉では、「その人が臨終《りんじゅう》において」とか「死に臨んで」となっているのです。

それでは、仏教には「いのち」という言葉はないのかというと、七高僧《しちこうそう》の第二祖、天親菩薩《てんじんぼさつ》のお書きになられた『倶舎論《くしゃろん》』という難しい書物があるのですが、この書物の中で天親菩薩は、いのち（命根《みょうこん》）とは私たちの体温や意識を保つ勢力、すなわち寿命のことであるという説明をしています。寿命とは「いのち（生命）のある間の長さ」と説明されていますから、それはいのちの長さですから、かならず尽きるのです。ちなみに『阿弥陀経』の終わりのところで説かれている五濁の中の命濁の命の原語は寿命という意味です。だから、仏教で「いのち」と言った場合は、生まれて死ぬ寿命のことなのです。たとえば、無量寿如来《むりょうじゅにょらい》の、無量寿というのも、「無量なる寿命」という意味であることは周知の通りです。

今度の親鸞聖人《しんらんしょうにん》の御遠忌《ごえんき》のテーマが、「今、いのちがあなたを生きている」に決まりました。その場合の「いのち」は、無量寿としてのいのちでしょう。無量寿如来のいのちが、今あなたをあなたたらしめて生きていると、そういうテーマになっています。この場合も、後に詳しく説明いたしますが、仏教では「いのち」をどのようにいただいているかが明らかになっていないと誤って了解されてしまいます。

ともかくも、仏教では、夢や希望や思い出などや、体のことをいのちと言っているのではないのです。生まれてから死ぬまでの寿命のことを、いのちと言っているのです。

そうすると、仏教の「いのち」と、先ほど取り上げた様々な「いのち」と、決定的に違うのはどこでしょうか。たとえば、「いのちを大切に」という場合は、死ぬことが入っていないのです。かならず死すべき身を生きているという、死という問題がすべて切り捨てられているのです。

仏教でいうと、生きることを大切にということは、死ぬことも大切にということであり、生きることが尊厳であり死ぬことも尊厳である、両方が同じ意味を持たなければ、仏教のいのちにならないのです。

ところが、現代の私たちは、いのちから死という問題を覆い隠して、遠くに追いやって、見えないようにしている。死という問題が含まれないところで、いのち、いのちと言っているのです。これが、戦後の日本でいろいろな問題の起こる基本にあるのです。「生きることだけを求めていく」といういのちに対する一面的な考え方で、かえって生きることが粗末にされ、いのちが潤いを失って、カサカサになってしまっている。ほんとうは、ここをきちんと仏教の教えで押さえ直さなければ、駄目なのです。

学校教育で「いのちを大切に」といった場合も、「このいのちは、明日終わるかもしれない、明日死ぬかもしれないいのちなのだよ」と、死の教育をしたほうが、子どもたちは、逆にいのちを大切にするのではないでしょうか。

そういう意味で、かならず死んでいかなければならないのに、死ぬ身ということを隠してしまう、ここに現代の問題があるのです。

死を遠ざけようとする現代人

私は、北海道から京都に五十年間通いました。昔は、飛行機というのは、外国に行くときに乗るもので、国内では乗らないのが普通でした。ところが、科学技術がどんどん進歩して、学生時代が終わったころから、国内でも飛行機が飛ぶようになり、私も乗るようになりました。

私の田舎《いなか》から京都まで行くのに鉄道を利用すると、どんなに速い列車に乗り継いでも、三十六時間かかります。ところが、飛行機なら、家を出てから飛行場へ行って飛行機に乗って、京都に着くまで七時間ぐらいです。最初のうちは、私の田舎の女満別《めまんべつ》飛行場から札幌《さっぽろ》へ飛んで、札幌から大阪へと飛びました。この時点で、三十六時間が七時間になったのです。

そして、間もなく、女満別から大阪への直行便ができました。その結果、二時間半のフライトになったのです。だから、大学を辞めるに辞められなくなりました。三十六時間かかっていたら、とっくの昔に大学を辞めて田舎に帰っていました。

私の大谷大学における恩師は、山口益《やまぐちすすむ》という世界的な仏教学者でしたが、

「いずれおまえも住職になるだろうから、住職になったときは、大学の先生を辞めて、かならずお寺へ帰りなさい。大学の先生なんてたいしたことではないのだ。住職がいちばん大事なのだ。迷ってはいけませんよ」と言われました。

ところが、私が住職になるころには、飛行機で往復するようになっていたために、両方できるようになってしまった。困ったものです。飛行機のおかげで、えらい目に遭っているのです。

その飛行機に初めて乗ったときに、私はカルチャーショックを受けたのです。当初の国内線は、だいたい全日空、ＡＮＡでしたが、最初に乗ったとき、四番の席がなかったのです。「四」は「シ」と発音し、死に通じるからだと思います。外国では「四」を「シ」と発音しませんから、国際線の飛行機には四番の席はあるのです。

私は若いとき、科学が発達して、生活がどんどん豊かになって、治らない病気も治るようになって、人間はみんな利口になったと思っていた。だから、「シ」と発音するから四番の席がないという、そんな縁起をかつぐようなことは遅れた人の考え方で、このような科学の発達した時代に、そんな縁起《えんぎ》かつぎがあるはずがないと思っていたのです。それなのに、科学の最先端の技術で作られた飛行機の中に、縁起かつぎがあったので、びっくりしたのです。人間というのは、どれだけ科学が発達しても、どれだけ生活が豊かになって、どれだけ勉強して、どれだけ頭の中へ知識を詰め込んでも、「あわれというもなかなかおろかなり」と蓮如上人《れんにょしょうにん》がおっしゃっているように、結局は愚かなのだと。人間はどんどん進歩して合理的になって、立派になっていくものだという、私の思いが完全にそこで打ちのめされたというか、そういうカルチャーショックを受けたのです。

そのあと、今度は日本航空、ＪＡＬに乗ったら、四番の席はあるのですが、こちらは国際線が主ですから、十三番がないのです。十三日の金曜日、キリスト教で縁起をかついでいるのです。飛行機が縁起をかついでいるのです。これは日本だけではないのです。やはりキリスト教の世界も愚かなのです。

四番や四号室は縁起が悪い

私の田舎に特別養護施設があるのですが、ここには四号室がないのです。なぜ四号室がないのかといいますと、お察しのように、入る人がいないからです。やはり、四号室に入ったら早く死ぬということなのでしょう。また、九号室へ入ったら苦しむというわけです。

皆さん、どうですか。私たちはお念仏いただいていますから、「門徒物忌《もんともの い》みせず。門徒は縁起をかつぎません」と言っているけれども、「四号室と、五号室が空いていますが、どちらにしますか」と言われたら、やはり「五号室にします」ということになりませんか。お念仏をいただいていても、縁起などかつがないといっても、人間は愚かなのです。

ですから、お念仏をいただいていたら、「どちらにしますか」と言われたときは、意地を張って「四号室に入ります」と言うのも自己主張しているようで、はしたないですから、「きれいなほうに入りたい」と言えばいいのです。「きれいなほう」は、たぶん四号室に決まっています。今後、もし、そういう境遇になったら、それもご縁のままですから、それをいただいて、「きれいなほうに入らせてもらいます」と、ぜひ言ってください。

養護施設で四号室がなかったり、九号室がなかったりするのは、入る人が嫌だというから、ないのです。これはなんとなくわかるのです。ところが飛行機は、もしも墜落したときには四番の席の人だけが死ぬわけではない。乗客はほとんどみんな死ぬのだから、乗るほうはもう覚悟を決めて、縁起をかつぎません。四番のA席というチケットを、「縁起が悪いから五番に換えてくれ」とは、だれも言わないでしょう。乗る人が縁起をかついでいないのに、科学技術の最先端の飛行機に乗せるほうの人が勝手に縁起をかついでいるのです。おかしな状況です。

全日空の人に「あなたたちがやっていることは愚かだよ」と、二十年間言い続けてきました。最近、新しくできた飛行機は、四番も十三番も全部あります。やっと私の言うことが届いて、直してくれたのでしょうか。

もう一つ、余計な話ですけれども、NHKでも、災害や事故などで犠牲になられた方の「ご冥福《めいふく》を祈る」と言います。閻魔《えんま》さんのいる冥土《めいど》に行って幸せになれと言っているのです。これは仏教と関係のない中国で作られた俗信としての物語です。いのち終わったら、みんなお浄土へ帰っていくのに、閻魔さんのいる冥土での幸せを願うなんて、あまりにも無知な言い方です。これも言い続けているのだけれども、ＮＨＫは直しません。ある新聞は直しました。「追悼《ついとう》する」と言っていました。

ともかくも、現在では「いのち」という言葉を使ったときに、その中にある死の問題を覆い隠して、縁起が悪いと追いやって、もっぱら生きることだけを求めている。そういう考え方が、現在のいのちに対する考え方の基本にあります。とくに戦後の日本は、そういう考え方が常識となってしまっているのです。

科学的合理主義の生命観

いのちは私のものだ

皆さん方は、私のいのちは、私が生まれたときに生まれ、私が死んだときに、私のいのちは死ぬと思っているでしょう。私が生まれたときにいのちが始まって、私が死ぬときにいのちが終わるのなら、いのちは私の所有物ということになる。これが間違いなのです。

だから、「宗教なんて要らない」とか「宗教なんか頼りにしない」と言っている。要するに、現代人の多くは科学的な合理主義を信奉して、「いのちは自分のもので、自分が生まれたときにいのちは始まって、自分が死んだらいのちは終わるのだから、いのちがどこから来たか、終わったいのちがどうなるか、そんなこと考える必要はない」と言うのです。

いのちは、私より先にあって、いただいて、私は生かされている。これが宗教の世界です。くどいようだけれども、いただいたいのちという考え方がなくなった。自分が生まれたときに、自分のいのちが始まって、自分のいのちは自分が死んだらなくなるのだから、死んだらどうなるか、そんなこと考える必要はない。私たちはそういう考え方に囚われてしまっているわけです。だから、無意識のうちに「いのちは私のものだ」と考えてしまっているのです。これは仏教において誤った考え方として五見（五つの見解）が説かれていますが、その中の辺執見（極端な見解）や邪見（因果の道理を否定する見解）に相当します。まさしく『正信偈』に邪見憍慢《じゃけんきょうまん》の悪衆生《あくしゅじょう》といわれている現代版です。

ある教区《きょうく》の御遠忌《ごえんき》のときに、「いのちより大事なこと」というテーマを掲げたら、「いのちがいちばん大事だ」といって、文句が出たというのです。私のいのちをいのちたらしめてくださっている、もっと大事なことがある。だから、「いのちより大事なこと」というテーマになるのです。けれども、いのちは自分のものだと思っているから、「いのちがいちばん大事なのに、いのちより大事なことというのは、おかしい」と、クレームがついたのです。そこで、困った輪番《りんばん》さんが私に、その御遠忌で『いのちより大事なこと』とは、どういうことかということをぜひ話してもらいたい」と言われたので、お話に行ったことがあるのです。

私たちは、いつの間にか、いのちは自分のもので、これがいちばん大事だと思ってしまっている。そういう考え方になると、宗教は要りません。いのちはどこから来たかと、そんなことを問う必要もなく、いのちがどこへ行くのかと問う必要もない、生きている間だけだと、こうなるでしょう。

そのように、私がいちばん偉いのだという自己中心の考え方、難しい言葉で言うと自我的な観念から、いのちを自分のものにしてしまったわけです。そういう考え方にみんな囚われてしまった。これが現代人なのです。

だから、「いのちを終えたらお浄土に往生する」と言えない。私の所有していたいのちはなくなったのだから問題にする必要はない。けれども、何と言ったらいいのかわからないので、しかたがないから、亡くなった人は「天国へ行った」と、こうなるわけです。しかし、天国というのは、キリスト教の死後の世界です。ちゃんとあるわけです。だから、キリスト教徒は、いのち終えれば天国に行くと信じているのです。

ところが日本の仏教徒は、死後の世界を、いのちを終えていく世界をきちんと押さえられなくなってしまったものだから、仏教でも死後は天国になってしまった。そこに大きな問題があるといわざるを得ません。

科学的な認識の意味するもの

それからもう一つ、科学的にものがわかるということはどういうことかということがあります。

工学博士の長尾《ながお》真先生という方がおられます。一昨年まで京都大学の総長をしておられました。この長尾先生が、『「わかる」とは何か』（岩波新書）という本を出されています。私は、科学的にものがわかるということには限界があると思っているので、前々から、科学者がものがわかるということはどの程度のことなのか、どの程度のことが科学でわかるのかということに関心がありました。それで、長尾先生の本を読んでみました。そうしたら、「科学的にものがわかる」ということを大変わかりやすく説明してあって、とても勉強になりました。そのこととは別に、その書物の中で、長尾先生は、こ

ういうことを言っておられるのです。私なりに要約してみますと、

〝科学は知識で進んできた。だから、知識で科学は発達してきたけれども、二十一世紀は、このまま知識だけで科学を発達させていったら、かならず科学は滅んでいく。衰微するであろう。〟

〝これからの科学者は、地球上にあるすべてのいのちは共に助け合い、共に関係し合って生きている、共に生き合っているいのちであり、そのいのちを自分も生きているという、そういういのちへのまなざしを持たなければならない。〟

〝しかし欧米の科学者には、あるいは欧米の思想には、いのちが共に生き合っているという考え方は、基本的にありません。欧米のいのちに対する考え方は差別に始まっている。お互いのいのちが共に生き合っている、そういういのちに対するまなざしは欧米の思想には、基本的にはありません。〟

〝だから科学は欧米人に任せられない。二十一世紀のこれからの科学は、東洋が中心になるべきです。いのちへのそういうまなざしを持ったところで、科学は進歩していかなければ、人間から見放されてしまう。〟そして「アジアティック・ターン」、アジアへの回帰、科学はアジアに帰ってこなければならないと論を結んでいるのです。

私は、仏教と同じことを言っておられると感じて、うれしくなりました。こういうことを私が言うと、我田引水《がでんいんすい》で、自分に都合のいいことを言っていると思われる。科学者である工学博士の先生にそのように言っていただければ、こんなうれしいことはない。それで、十月十三日の大谷《おおたに》大学の開学記念日に、ぜひお越しいただいて講演をしていただきたいとお願いしたところ、「喜んでまいります」というお返事をいただきました。当日には、黒塗りの公用車で、秘書の方もついてこられました。講演は午前中で終わるので、昼食をご用意していたのですが、「すぐ帰ります」ということで、車で京都駅へ行って、新幹線で東京へ行かれました。大変お忙しい先生です。

私は当たり前だと思っていたけれども、長尾先生が帰られたあと、よく考えたら、これは大変なことだったなということに気がつきました。長尾先生は、日本の国立大学の中で一、二を争うような京都大学の総長です。普通なら、小さな私立大学など意にもとめないでしょう。それが、私立大学の一つの大谷大学へ来てくださって、これからの大谷大学は大事な大学なのだと言ってくださったのです。

学長室でお話をしたときには、長尾先生は、

「京都大学には、世界に誇れる学問がいくつかあるけれども、その一つが東洋学だ。東洋の仏教を含めて、東洋の思想に対する学問的な研究成果は世界に誇れる、自慢できる」

と、工学博士・科学者であるのに、そんな話をしておられました。

開学記念式典というのは、大谷大学のいちばん大事な行事ですから、それなりの講演料を差し上げました。そうしたら、長尾先生は、後日そっくりそのまま送り返してこられて、「これは図書館に寄付します。学生のために本を買ってください」と書いてあるのです。これにはまいりました。そういうお人柄の先生です。

知識とは経験的に実証可能なもの

それで、その『「わかる」とは何か』には、科学的にものが「わかる」ということは、経験的に実証可能な知識、私たちが経験して、実際に証明できた知識だけが「わかる」ということなのだ。これが科学的に「わかる」ということの基本とされているのです。

死んでしまったら終わりだから、死ぬことを経験したら、実証できないでしょう。またこの世に帰ってきて、こうだったと説明できないのだから、死んだらどうなるかは、科学的には、わからないことなのです。

それで、私は『広辞苑《こうじえん》』やいろいろな辞書を引いて調べました。「科学」という項目には「経験的に実証可能な知識」が科学的にわかるということとなっています。経験して実際に証明できたことだけが、科学的にわかるということなのですから、考え方が非常に狭い、限りがあるのです。私はこれを科学的知識主義と名づけました。「わかる」ということについては、もっともっと大きな世界があるはずです。

今の子どもたちは、科学的な考え方でずっと教育を受けてきている。だから、死んでからのことは、科学的にわからないことなのだから、考えても意味がないと、死とか死後というものを思索から外してしまったわけです。そして、一方では、いのちは自分のものだと私物化したため、自分のいのちは、どこから来たか、どこへ行くか、そんなことは考える必要はない。死んだら終わりだと、現世主義に陥っているわけです。

このように、死を遠ざけタブー視し、科学的合理主義によるいのちの私物化と科学的知識主義によって死後を問わないという、そういう両面から、日本人は、死という問題を考えなくなってしまった。だから、お寺でも死という問題を語れなくなった。往生浄土《おうじょうじょうど》、浄土に往生すると、往生を説きながら、死という言葉を口にしなくなってしまった。縁起が悪い、暗いというのです。おかしな往生論になったわけです。ほんとうに浄土に往生するということは、死ぬということを抜きにしてはあり得ないのですが、そのことが言えなくなってしまったのです。

私は、蓮如上人《れんにょしょうにん》の『五帖御文《ごじょうおふみ》』の五帖目の第二通にある「それ、八万の一文不知《いちもんふち》の尼《あま》法蔵《ほうぞう》をしるというとも、後世《ごせ》をしらざる人を愚者とす。たとい入道《にゅうどう》なりというとも、後世《ごせ》をしるを智者《ちしゃ》とすといえり」から、「後世をしる智者」という講題で、たくさんの講話をしているのです。あるお寺でも、その話をして、途中休憩のときに控え室でお茶を飲んでいたら、何かに載《の》せるらしく、インタビューをしたいと担当の若い人がやってきて、いろいろと質問をされました。そして、

「先生は、『後世《ごせ》をしる智者《ちしゃ》』ということで、死ぬということを、死すべき身であるということを、さかんに言われるけれども、聴聞《ちょうもん》に来ておられる方は、ほとんどお年寄りですから、あまり死ということを口にされないほうがいいのではないですか。もう少しお年寄りに対するいたわりの心があってもいいのではないでしょうか」

と言ったのです。びっくりしました。お寺にまでヒューマニズムが入りこん

できているのです。これは大変なことになっていると思いました。

ヒューマニズムというのは、この世を生きるために都合の悪いものはできるだけ排除するのです。ですから、死を隠す、病気をなくす、老化しないようにする。人間における老病《ろうびょう》死《し》を、できるだけなくして、貧しい生活よりも物質的に豊かな生活がいいという在り方が基本となっているのです。特に、現代のヒューマニズムはそうなってしまっています。

それで私は、そのお寺での講話の後半は、死という言葉をさかんに使いました。そのことをちゃんと解決しなければ、生きている意味がないではないですか。そこを隠しておいて、今が大事だ、今が大事だと、そんなことは仏教でなくても、だれでも言います。今が大事でないとは、だれも言いません。だから、死すべき身であることをきちんといただいて、今が大事だと言うのが真宗《しんしゅう》です。今が大事だと言うだけでは、ヒューマニズムなのです。お年寄りに対して、死という言葉を口にしないというのは、ヒューマニズムです。お寺の中まで、死を覆《おお》い隠《かく》していく状況になっているのです。ほんとうにびっくりしました。

いのち終えたらどうなるのか

あるご本山の住職研修で、三日間講義をしたことがあります。講義が終わった最後の日に、「お寺は死という問題を抜きにしてはありません。これから、皆さん方はご住職になられるのだから、ご門徒の方から、いのち終えたら、死んだらどうなるのですかと、お尋ねをいただいたときに、何と答えますか」と聞いたのです。すると、みんな下を向いてしまわれたのです。

みんなが下を向いて、答えてくれないので、私は困って、「これからご住《じゅう》職《しょく》になられようとする方が、ご門徒から『いのち終えたらどうなるのですか』という質問を受けて答えられないようでは、住職と言えないのではなかろうか」と、言ったのです。

そうしたら、さすがに頭へきたのか、若い人が立ち上がって、「先生、そうおっしゃいますけれど、明日のこともわからないのに、死んでからのことまでわからない」と言ったのです。

私は、そのとき、勘違いしたのです。諸行無常《しょぎょうむじょう》の娑婆《しゃば》を生きている私たちだから、明日のことはわからないというのは正しいことです。しかし、死んでからのことはわからないというのは間違いです。いのち終えた世界は、お浄土です。それは金子大榮《かねこだいえい》先生の『親鸞讃歌《しんらんさんか》』に、「流浪《るろう》の生涯《しょうがい》に常楽《じょうらく》のふるさとを慕《した》い」とあるではないですか。だから、いのちを終えていく世界は娑婆《しゃば》のことではない。常楽の世界である。仏教で常というのは、皆さん方が親しんでいる『正信偈《しょうしんげ》』でいうと、「大悲無倦常照我《だいひむけんじょうしょうが》（大悲、ものうきことなくて、つねにわれを照らす）」、如来の大悲のはたらきが常にそこからはたらき出ていることをいうのです。何か実体的な存在としての世界がどこかにあるという意味ではないのです。如来の大悲が常にはたらいている。それが常ということです。それから楽というのは、『無常偈』に「寂滅為楽」（寂滅を楽となす）」と説かれています。曇鸞大師は「安楽浄土」と、そこに私たちのほんとうの意味での安らぎの世界がある。それを金子先生は「常楽のふるさと」とおっしゃっている。だから、諸行無常《しょぎょうむじょう》の娑婆《しゃば》と、常楽《じょうらく》のお浄土と一緒にされては困ると思ったのです。

　ところが、彼はそういう意味で言ったのではなかったのです。あとからわかったのです。数時間後にやってくる明日のこともまだ経験していないので、明日のことは、科学的にはわからないのです。明日の予定は立てられても実際どうなるかわからないのです。明日のことは、経験的に実証できていない事柄なので、科学的にはわからない事柄なのです。明日の昼にはカレーライスを食べようと思っていても、明日になってみたら牛丼になっているかもしれないのです。これは、わからないのです。

だから、彼は、「経験して実際に証明できないと、わかったことにならないのだから、数時間後の明日のことすらも科学的にはわからないのに、ましていわんや死んでからのことまでわかるはずがない」という意味で答えたのです。私は、ずっとあとになってから、そのことに気がついて、ここまで科学的な考え方が広がってきているのだなと思いました。

だから、お寺のご住職《じゅうしょく》になられようとする方でも、ご門徒《もんと》から「ご院《いん》さん、いのち終えたらどうなるのですか」と尋ねられたら、「考えても無意味なことだ。どうしてそんなことを考えるのだ」と、自分が合理主義におちいっているために、答えられないものだから、ごまかすのです。そういう住職が、けっこう多いのです。

それで、私はどうしようもないので、

「このいのちが終わったらどうなるかわからないのなら、今生きている自分のいのちは、どこからいただいているのか、いのちがどこから来たのかを考えてください。どこから来たかが明らかになれば、どこへ行くかが明らかになります。それを課題にして、これから住職の生活をしてください」

と言って、講義を終えようとしたのです。

そうしたら、いちばん後ろに座っていたお年寄りの指導の方から、私は突然大きな声で叱られました。その人は、

「このいのちがどこから来たかなんて、そんな難しいこと言う必要はない。いのち終えたら極楽《ごくらく》に行くのに決まっている」

と言ったのです。そして、受講している、住職になろうとしている人たちに

対して、「あなた方は、そんなこともわからないのか」と、怒鳴ったのです。

参りました。彼は正しいのです。正しいのだけれども、「いのち終えたら極楽に行くに決まっている」と言われて、わからなくなっているのが現代なのです。自分の知識でわかろうとすると、わかりません。科学的知識ではわからないのです。いま私たちを取り巻いている科学的知識主義というものが、どれだけ、ものの真実を見えないようにしているかということがあるわけです。

後世を知ることの大切さ

後世をしらざる人を愚者とす

蓮如上人《れんにょしょうにん》の五百回の御遠忌《ごえんき》が勤まるころに、いろいろな方面から話をしてくれと頼まれましたが、私は蓮如上人のことについて何も研究していませんし、専門家でもありませんから、ほとんどお断りしていたのです。けれども、ＮＨＫラジオの「宗教の時間」を、一時間ずつ二日間、お引き受けしたのです。

だいたいはＮＨＫのスタジオでお話をするのですが、学長のときでしたので、忙しくてＮＨＫの録音施設まで行けない、そんな時間は取れないと言うと、わざわざ大谷大学まで来て、大学の会議室で録音をしてくれたのです。

先ほどの、蓮如上人《れんにょしょうにん》の、「それ、八万の法蔵《ほうぞう》をしるというとも、後世《ごせ》をしらざる人を愚者《ぐしゃ》とす。たとい一文不知《いちもんふち》の尼入道《あまにゅうどう》なりというとも、後世《ごせ》をしるを智者《ちしゃ》とすといえり」という、『御文《おふみ》』を基本にして、お話をしたのです。

仏教には、「大正大蔵経《たいしょうだいぞうきょう》百巻」と言っているぐらい、膨大《ぼうだい》なお経、仏典があります。それを全部覚えて、頭の中へ詰め込む。それが、「八万の法蔵をしる」ということです。どれだけ仏教の教えを頭の中へ詰め込んでも、「後世をしらざる人を愚者とす」です。現代の教育は、幼稚園から、頭の中に知識をいっぱい詰め込んでいるのでしょう。それで、時間が足りない、足りないと言っている。だから、これは五百年前の話ではなくて、現代の教育の問題なのだ。現代の子どもは頭の中に知識をいっぱい詰め込まれて、頭の中が「ぐじゃ、ぐじゃ」になっているから「愚者《ぐしゃ》なのだ」と捩《もじ》ったら、録音していたＮＨＫの人が吹き出してしまって、また最初から録音のやり直しをしました。

そうなのですよ。頭の中に知識をいっぱい詰め込まれて、頭の中がぐじゃぐじゃになっているから愚者なのです。だから、人間は、いっぱい知識を覚えて利口になれば、どんどん進歩して、知識が増えれば増えるほど利口になっていくのだと、私もそう思っていたけれども、そうではないのです。知識が増えれば増えるほど愚かになっていく。これは、おもしろい現象だと思います。

養老《ようろう》孟《たけ》司《し》さんも、「バカの壁」などと言いますけれども、知識というのは、増えれば増えるほど利口にならないで人間を愚かにしていく。自分の知識でわかろうと固執するから、知恵が湧いてこないのです。そういうように、科学的な知識主義でずっときているから、「いのちを終えたら極楽にいくに決まっているではないか」と言われても、「何のことだろう」と、わからなくなっているのが現代なのです。これは「バカの壁」を打ち破らなければならないと言っている、養老孟司さんに通じることではないかと思います。人知の壁を打ち破っていくのが、浄土真宗だからです。

後世をしるを智者とす

先ほどお話しましたように、私はけっこう本願寺派の研修会にもお邪魔するのです。このあいだも、広島のほうで住職方の研修会があり、ご門徒の方もお見えでした。最後にご示談があったときに、前に座っていたおばあちゃんが、

「私は九十歳になりました。九十になったけれども、死ぬのが怖くて、恐ろしくて、どうにもなりません。ご院《いん》さんは、そのまま、そのままと言うけれども、そのままになれません。九十にもなって、ほんとうに情けない話だけ

れども、夜中に目があいて死のことを考えると、恐ろしくて眠れなくなります。どうしたものでしょうか」

と言うのです。それで私は、

「親鸞聖人《しんらんしょうにん》も『歎異抄《たんにしょう》』の中で、『いささか所労《しょろう》のこともあれば、死なんずるやらんとこころぼそくおぼゆることも、煩悩《ぼんのう》の所為《しょい》なり』と言われているでしょう。九十に近い親鸞聖人が、何か風邪でもひいたり、体が疲れたときに、もしかしたら死ぬのじゃないのだろうかと心細くなる。これも『煩悩の所為なり』。だから、人間は生きている以上、年は関係ない。みんな死ぬのです。そして、死ぬのは怖いのです。恐ろしいのです。だから、死への恐れは死ぬまであります。何歳になったらなくなるということはありません。煩《ぼん》悩《のう》の身を生きている以上は、死ぬまで死への恐れを抱いて生きているのが人間です。しかし、おばあちゃん、いのちを終えてお浄土に往生するということはどういうことかいただいていますか。それをいただいていないと駄目ですよ」

と言ったのです。

死への恐れは煩悩だから、それは仕方がないけれども、いのち終えてお浄土へ往生させていただくということをきちんといただいていないと駄目です。「後世《ごせ》をしるを智者とす」、お浄土に往生するということはどういうことかということをきちんといただいているのが智者である。頭の中に知識をいっぱい詰め込んでも、後世を知らない者は愚者なのです。

だから、いのちを終えていく世界が、お浄土がどういう世界なのか、お浄土に往生するということが、はっきりいただけなくて、死んだらどうなるかという不安におびえているのは、煩悩ではない。これは無知である、知恵がないということなのです。これは、親鸞聖人《しんらんしょうにん》も、蓮如上人《れんにょしょうにん》も、お釈迦《しゃか》さまも、そうはっきり言っておられます。だから、蓮如上人も「後世をしらざるを愚者とす。後世をしるを智者とす」と言われているのです。

親鸞聖人は、先の『歎異抄《たんにしょう》』のお言葉に続いて、「なごりおしく思えども、娑婆《しゃば》の縁つきて、ちからなくしておわるときに、かの土《ど》へはまいるべきなり」と、かの土としてのお浄土をきちんといただいているわけです。

死への恐れは煩悩《ぼんのう》です。死後への恐れは無知です。知恵がないということです。その違いをきちんといただいていかなければならない。それが、きちんとなっていないのが現代だと思います。

ところで、一般の宗教では、神さまがいて私たちを救ってくださったり護ってくださるのですが、仏教はそうではないのです。仏教には神さまがいないのです。お覚りをひらいて、お釈迦《しゃか》さまのような仏さまになって私たちを救おうとする者も、仏さまとなったお釈迦さまの教えを信じて救われようとする者も、ともに人間なのです。お覚りをひらいて、お釈迦さまのような仏さまになった者には、煩悩はありませんから、死への恐れはないのでしょう。しかし私たちのように、自分が覚った者となるのではなく、覚《さと》ったお釈迦さまの教えを信頼して救われていく者は、煩悩にまみれながら、お浄土に往生する念仏道を歩ませていただくしかないのです。

それでは、私たちのいのちの行方について、かならず死すべき身を終えていく、その死すべき身の行方について、浄土に往生するということは、どういうことなのか、それは私たちのいのちに対する真実が明らかにならなければ明確にならないのです。このことを次にお話してみたいと思います。

輪廻の苦しみから解脱する教え

仏教では、いのちというのは、生死《しょうじ》する間の寿命のことである。ですから、死という問題を抜きにして、いのちは考えられないのです。この生死するいのちについて、仏教が生まれたインドにおいては、どのように考えられていたのか。それが明らかになると、そこから仏教は生まれたわけですから、次に、仏教がその生死するいのちをどういただいたのかという順番になるかと思います。

インドでは、いのちというものは、自分の行なった行ないの報いを受けて、死に変わり生まれ変わりを永遠に繰り返し続けていくものなのだと考えます。この世においてどんな行ないをしたか、その行ないの報いを受けて、それにふさわしい次の世が待っている。またその次の世にどんな生き方をしたかで、その次の世が待っている。自分のいのちは、姿を変え形を変えて永遠に続いていくのであるというのが、その当時のインドの、いのちに対する考え方です。こういう「いのち観」が、今から二千五百年ぐらい前に出来上がっていたのです。自分のいのちは自分の死と共になくなってしまうのだから、死んだら終わりだという現代の日本人の考え方とはまったく逆なのです。これはなぜかというと、インド人は自己存在に対する執着がものすごく強いからなのです。

先に、人間が持ってはいけない誤った五つの見解、五見《ごけん》が説かれていることに言及しましたが、その中で、自分の体に対する強い執着《しゅうじゃく》を有身見《うしんけん》といい、この身はあると考えることで、五つの誤った見解の中でも最も悪いものとして、いちばん最初に挙げられています。その中身が、「我執《がしゅう》、我所執《がしょしゅう》」です。我執というのは、この私はあると、自己に執着すること。我所執は、これは私のものであると、自分の体に対する所有欲です。

インドの人は、自分の存在に対して強い執着を持っているから、そこから、自分のいのちは、姿、形を変えて永遠に続いていくという考え方ができあがったのです。

だから、お釈迦《しゃか》さまは、この有身見《うしんけん》を捨てなさい、我執、我所執を捨てなさいと、さかんに説かれるのです。自己存在に対して強い執着を持つことがいけないことだという教えは、仏教だけです。キリスト教にもヒンズー教にもありません。だから、この我執、我所執というのは、仏教独特の教えなのです。自分の体に強い執着があるから、生まれ変わってずっと生き続けていきたいと思うのでしょう。自分自身に対する執着がなくなっていけば、生まれ変わりたいという欲望もなくなっていくのです。

お釈迦《しゃか》さまは、生まれ変わり死に変わりを永遠に繰り返す輪廻《りんね》の世界から、どのようにして解脱《げだつ》するか、解放されるかを、理屈で説かないで、

「自分自身の存在に対する執着を捨てなさい。そうしたならば、生まれ変わり死に変わりを続けていくという、いのちに対する考え方は自然となくなり、

輪廻の世界から解放されますよ」

と説法されたのです。

ヒンズー教のいのちの考え方

ヒンズー教の人も同じことです。「もし生まれ変わって、牛に生まれたら、つながれて生きなければならない。もし生まれ変わって、鳥に生まれたら、矢で射られるかもしれない。もし生まれ変わって、バラの花に生まれたら、摘み取られてしまう。だから、再び人間として生まれ変われるように、神さまにお願いをするのである」と、これがヒンズー教徒なのです。

しかも、神さまにそういうことをお願いできるのは、人間として生まれたこの世しかないのです。もし次の世で牛に生まれたら、もうお願いできなくなる。お願いできるのは人間だけだから、人間として生まれているただ今のこの世において、神さまに、また再び人間として生まれ変わりたいとお願いするというのが、ヒンズー教徒なのです。

いま人間として生まれ変わっているときに、神さまにお願いをしたのですから、あとは、もういいのです。あとは、お願いを受けた神さまの問題で、神さまがどうするかは、人間の決めることではない。あとは神さまにすべてお任せして、この人生を生き切っていく。一種の他力信仰です。神さまにお願いしたら、あと神さまがどうするかは、もう私たちには手の届かないことである。神さまが全部お決めになるのだ。しかし、人間として生まれたおかげで、神さまにお願いすることができた。これで人間として生まれた役目をなしとげたというのが、ヒンズー教徒の安心なのです。

インドとヒンズーは、同じ意味です。インドでいちばん大きな川を、インダス河といいます。このインダス河のインダスというのを、ギリシャ・ローマ系の言葉では、インドというのです。それを、ペルシャ・イラン系の発音で言うと、ヒンズーになるのです。インダス河の名前が発音の違いによって、「インド」になったり、「ヒンズー」になったりするのです。ですから、ヒンズー教というのは、要するにインドの宗教という意味なのです。お釈迦さまの仏教も、インドで生まれたからヒンズー教なのです。インド人は、仏教はヒンズー教だと言うのです。

私のところにも、今までに何人かの、インドからの留学生が大学院の学生として、やって来ました。「私は仏教徒だけれども、あなたはヒンズー教徒でしょう」と言うと、「違う。先生もヒンズー教徒だ。お釈迦《しゃか》さまはインドで生まれて、ヒンズー教では、お釈迦さまは神さまの一人になっているのだから、仏教もヒンズー教だ。一緒だ」と言われました。そういう考え方を持っています。

ですから、インドでできた宗教は、全部インドという風呂敷の中に入れてしまって、ヒンズー教だと言っているのです。インドのお家へ行くと、おもしろいです。シヴァ神がいたり、ヴィシュヌ神がいたり、ブラフマン神がいたり、ガネーシャがいたり、カーリーがいたり、神さまがいっぱいいるのです。神さまやその奥さんやら子どもやら、いっぱいいるのです。そして、どの神さまを信仰するかというと、どれでもいいのです。お父さんはシヴァ神を信仰している。お母さんはヴィシュヌ神を信仰している。娘さんは、ほかの神さまを信仰している。ばらばらで全部ヒンズー教なのです。だから、そこではまったく問題は起こらないのです。

日本の場合はどうですか。浄土真宗《じょうどしんしゅう》の家で、ちゃんとお内仏がある。お嫁さんが来た。お嫁さんは真言宗《しんごんしゅう》の方だ。最初はおとなしくしていたけれども、そのうちに次第にお嫁さんが主導権を持つようになると、真言宗のお仏壇も置くようになって、大日如来《だいにちにょらい》が祀られる。これは大変なことになります。

しかしインドでは、全部ヒンズー教だから、そんな争いはないのです。どの神さまを信仰するかは自由なのです。そして、今度はヴィシュヌにしよう、今度はガネーシャにしようと、自分の職業の都合や生活の変化などで、信仰する神さまが変わるのです。なんと言ったらいいのか、大らかな世界です。

それはともかくとして、ヒンズー教は、そういうようにして、今でも生まれ変わり死に変わりする輪廻《りんね》の世界を信じている。そういう、いのちに対する考え方が、今から二千五百年くらい前に出来上がっていたのです。

仏教が入ってくる以前の日本の民族信仰はどうでしょうか。日本人は、けっこう自分に対する執着は弱い。淡白なのです。大らかなのです。だから、生まれ変わり死に変わりを永遠に続けるなどということは考えない。日本人は、死んだら霊（タマ）になる。しばらくしたら神（カミ）になって、山へ閉じこもる。これだけなのです。だから、山へ行くと神さまはいっぱいいるのです。踏んづけないように注意しなければならないのです。

日本民族の霊魂信仰というのは、おもしろいです。霊の時代は、恨めしいと言って、生きている間にいじめられた人に対して、しっぺ返しをするのです。霊というのは、「タマしい」でしょう。「しい」というのは、はたらきという意味なのです。だから、霊のはたらき、それが、恨みのはたらきで「うらめしい」となるのです。タマが恨めしいと言って、しばらく人びとに後悔の思いをさせたうえで、今度は神さまになって、山に閉じこもって、生きている人間の幸せを護ってあげるというのです。民族の違いによって、いろいろな霊魂に対する考え方が出来上がっているのです。

縁起するいのち

四門出遊の物語

自分のいのちは永遠に続いていくのだという、いのちに対する考え方が常識となっているインドの国で、お釈迦《しゃか》さまはお生まれになって、その生死するいのちをどういただかれたのか。お釈迦さまは、シャカ族という小さな種族の皇太子、王子さまとして生を受けます。シャカ族のカピラ城というお城に住んでおられたのです。

そのころのインドには、三千種類くらいの民族がいたのです。いまでもかなりいるのではないでしょうか。インドのお札はルピーというのですが、お札の裏に十五か国の文字で、「これは百ルピーです」と書いてあるのです。

私が最初にインドに行ったころは十三か国語でしたが、二つ増えています。今でも、それほどに、まったく文字の違う民族が、インドに暮らしているのです。日本の方言とは違います。まったく違う文字なのです。私は、十五の文字の中、読めるのは四つくらいです。あとの文字は読めません。言語が十五も認定されている、すごい国です。シャカ族も、そういう種族の小さな一つだったわけです。

そしてお釈迦《しゃか》さまは出家をされますが、その動機が、物語として残されているのです。物語、フィクションですから、実際にどうだったかはわかりません。

カピラ城には、四つの門があったというのです。物語でそうなっているけれども、ほんとうに四つの門があったのかと疑うのが学者なのです。そうしたら、西の門と東の門が発掘されました。北の門と南の門は、どこにあるか、まだわからない。門が四つあるからといって、お城が四角とはかぎらない。どんな形をしていたかわからないけれども、とにかく半分見つかったのです。あるとき、お釈迦《しゃか》さまは、家来を連れて東の門からお城の外へ出て、お年寄りに出会って驚いて、お城に引き返して部屋に閉じこもったという。次には南の門から出て、病人に出会って、また驚いてお城に引き返して、もの思いに沈んだ。今度は西の門から出たら、死骸に出会った。

私もインドへ行き始めてから四十年くらい経ちますが、四十年くらい前は、カルカッタの街の真ん中に、干からびた死骸が転がっていました。そのそばに、二、三人の男の人が立っていて、「この人は行き倒れだ。焼いてもらうお金もない。お金を恵んでいただいたら、薪《まき》を買って、焼いて河へ流してあげたいから、なんとかお金を恵んでください」と言う。いくらかと聞くと、日本のお金にして二、三百円です。それならと、あげると、「ありがとうございました。これでこの人は救われます」と言って喜んでいるのです。これはいいことをしたなと思って、なんとなく気持ちよくなって、次の日に行ってみると、また同じことをしているのです。騙《だま》されたと思いましたが、やはりインドはすごい、死骸《しがい》で商売できるとは大したものだと思って、腹が立ちませんでした。

だから、今から二千五百年前なら、死骸がたくさん転がっていたと思うのです。親鸞聖人《しんらんしょうにん》の時代もそうでしょう。飢饉《ききん》があって、京都の鴨川《かもがわ》には、亡くなった人がいっぱい打ち捨てられていたと、『方丈記《ほうじょうき》』に書かれています。お釈迦《しゃか》さまは死骸を見て、またあわててお城へ引き返して、もの思いに耽った。そして、最後に北の門から出て、沙門に出会った。

その当時、生まれ変わり死に変わりを繰り返さなければならない輪廻《りんね》の世界から、どのようにしたら解放されるか、解脱《げだつ》することができるかという教えを説く宗教者が各地に現れたのです。いま東のほうにすごい説法者がいる、すばらしい説法していると聞くと、家を出て、何十日も歩いて、その先生のもとへ行って、説法を聞いて、そして、静かな林の中でそれを自分の問題として考える。今度は北のほうにすごい立派な宗教家がいて説法しておられると聞くと、また、そこから何十日も歩いて、その先生のもとに行って、説法を聞いて、そして静かな森の中で自分の問題として考える。そういう放浪者、遍歴者が多く現れたのです。彼らを、のちに沙門《しゃもん》と呼んだのです。「努力をする人」という意味です。

その沙門に出会って、お釈迦さまはびっくりするのです。お釈迦さまは、「あの者のまなざしはなんとさわやかなことであろう。なんと澄んできれいな目をしていることであろう」とつぶやいて、お城に引き返して、もの思いに耽った。そして沙門となって、出家をする。

簡単に言えば、これが「四門出遊《しもんしゅつゆう》の物語」なのです。

四門出遊の本質的な意味

この話を、どう思われますか。お城の外に出て、年寄りに出会ってびっくりしたと言われていますが、それでは、お城の中に年寄りはいなかったのだろうか。お城を出て病人に出会って、びっくりした。では、お城の中に病人はいなかったのだろうか。おかしいと思いませんか。経典には、お城の中では、お釈迦《しゃか》さまには、お年寄りの姿や病気で苦しんでいる人の姿を見せないようにしたと書いてあるのです。けれども、現実的には、そんなことはあり得ませんから、それでこの物語はつくり話だとわかるのです。

大学で、お釈迦さまの一生を講義するとき、この「四門出遊《しもんしゅつゆう》の物語」は大事ですから、説明するのです。そのとき、ある学生から、

「今日『四門出遊の物語』を講義で聞いたけれども、お城の中には、病人も年寄りもいなかったのですか」

と質問されたことがありました。答えられないのです。それで、「この物語には、見せないようにしたと説かれてある」と言ったら、「それはおかしいな」と言う。仕方がないから、「お釈迦《しゃか》さまというのは、私たち凡人とは違うのだ。とても繊細な神経をお持ちで、そういうことに対して強い思いを持たれた。それがお釈迦さまなのだ」と説明したのだけれども、学生も納得しないし、私も内心おかしいなと思っていました。

それでは、お釈迦さまはお城の外で何を見たのか。物語はそういうことしか書いていませんから、学者は知識でしかものが言えないから、それしか言えないのですが、この物語を知恵で掘り下げていけば、いろいろなものが見えてくるのです。

仏教の苦しみの基本は、生老病死《しょうろうびょうし》、四つの苦しみです。ところが、この物語には、老病死《ろうびょうし》の三つの苦しみしかないのです。生苦《しょうく》という、生まれることの苦しみが欠けているのです。年を取り、病気をして、死ぬ苦しみからの解放を求める沙門《しゃもん》に出会ったという物語になっているのです。どうしてこうなったのかということについては、いろいろな問題があるのだけれども、今日は、いちばん肝心なところだけお話しします。

お釈迦《しゃか》さまは、お城の外へ出てお年寄りを見てびっくりしたのではないのです。身分の低い者として生まれて、軽蔑《けいべつ》されて、唾を吐きかけられ、足蹴《あしげ》にされて、地を這《は》うようにして生きている、生まれたこと自体が苦しみでしかないような多くの人たちの生苦の姿を見たのです。惨《みじ》めに生まれ、惨めに年を取り、惨めに病気をし、惨めに打ち捨てられて死んでいく、そういう惨めな老病死を送っている多くの人たちの生苦そのものの姿を見て、お釈迦さまはびっくり仰天したのだと思います。

単なるお年寄りを見たのではないのです。惨めなお年寄りの姿を見たのです。単なる病人を見たのではないのです。惨めに病で苦しんでいる多くの人の姿を見たのです。それにお釈迦さまはショックを受けたのです。

物語には、そうは説かれていません。その物語の裏を読んでいくと、たぶんそういうふうに読めると思うのです。そういうことを、この物語から読み込んでいくのが、知恵なのです。

お釈迦さまは、お城の中には一歩も入ることができない、要するに、生まれながらの差別を受けている、こういう人たちをつくり出している人間とはいったい何なのか。宗教とは何なのか、そういう人間の根源的な問題を、そこで直感したのです。これが出家の動機の「四門出遊の物語」の裏に隠されている、ほんとうの出家の動機ではなかろうかと思います。

お釈迦さまの直感

もちろんお城の中にも奴隷はいましたが、それは選ばれた奴隷ですから様子は違います。そうではなく、惨《みじ》めな生老病死《しょうろうびょうし》を送らなければならない人びとの姿を見たときに、

「これはおかしい。これはいったい何なのだろうか。こんなことはあってはならないことだ。惨めに一生を終えていく彼らのいのちと、国王の皇太子として優雅な生活を送っている私のいのちに、どんな違いがあるのか。みんな一緒ではないのか。すべてのいのちは無条件に平等でなければならない。人間の都合によって差別をつくってはならない」

と、お釈迦《しゃか》さまは直感されたのです。これが仏教の始まりなのです。このような、すべてのいのちは無条件に平等でなければならないというお釈迦さま

の直感が仏教の立脚地であることについては、お釈迦さまは教団（サンガ）の中において生まれの差別、後にカーストと呼ばれるようになる生まれの差別を否定し、無視したことによって具体的に実現されています。

いのちというものは無条件に平等であらねばならないという教えは、仏教しかないのです。キリスト教であろうが、イスラム教であろうが、ヒンズー教であろうが、みんな、いのちの差別から出発しています。神さまを信仰すれば平等になるのです。信仰しない人は異教徒として殺してもいいのです。すべてのいのちは無条件に平等でなければならない。これが仏教のいちばん大事な基本であり、立脚地なのです。

「お釈迦さまは、年を取り、病気をして、死ぬという個人的な悩みを解決するために出家をされた。けしからん。私たちは在家《ざいけ》仏教だ。出家《しゅっけ》仏教ではない」というようなことを言う人がいるのですが、それは間違いなのです。

お釈迦さまは自分の個人的な悩みだけで出家されたわけではないのです。私たちにも、老人を軽ろんじたり、病人を遠ざけたり、死人を忌み嫌ったりして、自分が年を取って、病気をして、死ぬことへの苦悩という個人的な問題があります。もちろんお釈迦さまにもあったでしょう。しかし、お釈迦さまはもっと深いところで人間を凝視したのです。こういう人間とは何なのか、一切衆生《いっさいしゅじょう》の救われていく智慧を明らかにしなければならない。そのために出家されたのです。

お釈迦《しゃか》さまは、シャカ族という小さな部族の国王にとどまっていれば、このような生まれの差別をなくす社会改革をしようとすれば、できたかもしれないけれども、一切衆生《いっさいしゅじょう》を解放する智慧とは結び付かない、シャカ族という小さな枠を超えて、一切衆生の根源的な問題、そういう惨めな人たちをつくり出しているこの現実を超えるには、どうしたらいいのか、そういう智慧を求めて出家されたのだと、そこまで読み込むことができるのではないかと思います。

お釈迦さまは、「これはおかしい。すべてのいのちあるものは平等でなければならない」と直感したのです。けれども、「どうしておかしいのか」と尋ねられても、説明できないのです。皆さん方も、これは変だなと思うけれども、どうして変なのかと尋ねられても、何かわからないけれども変だという、そういうことが生活の中であるでしょう。

お釈迦さまがお覚《さと》りを開く前提には、すべてのいのちは無条件に平等でなければならないのだという、お釈迦さま自身の直感があるわけです。その直感を説明する道理を見出すことに、ご苦労されたのです。

あるお経では、「初夜《しょや》、中夜《ちゅうや》、後夜《ごや》にわたって、縁起《えんぎ》の道理をもって、繰り返し繰り返し観察され、明《あ》けの明星《みょうじょう》とともにお覚りを開かれた」と、説かれています。そこに出てくる「縁起の道理」を発見されたのです。

発見された縁起の道理

私たちは計り知れないほどのご縁によって、ただ今のいのちを生かされている。計り知れないほどの無量、無数のご縁によって、ただ今のこのいのちを生かさせてもらっているという道理、それを縁起《えんぎ》というのです。ご縁によって起こっている。ご縁によって、今ここにあり得ている。それが縁起ということです。そういう道理を、お釈迦《しゃか》さまは発見されたのです。

皆さん方は、人間として生まれていますけれども、自分で生まれようと思ったわけではない。気がついたら人間だったというだけでしょう。無量、無数と言っていいほどのご縁によって、ただ今の瞬間の私をいただいたのでしょう。チンパンジーも一緒です。チンパンジーになろうと思ったわけではないのです。やはり無量、無数の数えきれないほどのご縁によって、チンパンジーはチンパンジーとしてのいのちをいただいて生きているのでしょう。ゴキブリも一緒です。みんな長いいのちの歴史を背負って、そして、ゴキブリとしてのいのちを生きているのでしょう。みんな同じなのです。

そういう意味で、いのちの在り方は、すべて平等である。言い換えれば、いのちは私のものではないということです。そういう意味で、すべてのいのちは平等である。そういう道理を発見されたのです。

これも現代の日本人の考えとまったく反対でしょう。現代の日本人は、「いのちは私のものだ。だから、勝手にしていいのだ」と言っている。お釈迦さまは違うのです。いのちは私のものではないのだ。生きているのではなく、生かされていたのだと、そういういのちへの目覚めを明らかにする道理が、縁起の道理なのです。

皆さんは、自分で人間として生まれてきたわけではないし、女性として生まれようと思って生まれたわけではない。みんなご縁のままに、今生きているのでしょう。これを他力というのです。わがはからいは一切通用しないのです。自分の自由になるなら、もう少しましな子どもに生まれたいと思ったり、もうちょっと鼻が高いほうがいいなと思ったりするでしょう。駄目なのです。そうならないのです。だから、すべてが他力なのです。

法語カレンダーの中に、「自力、自力と思っていたが、すべては他力でございました」というような言葉がときどきあります。これは、この縁起の道理のことなのです。親鸞聖人《しんらんしょうにん》が、「さるべき業縁《ごうえん》のもよおせば、いかなるふるまいもすべし」と言っておられるように、自らの行ないとなるご縁、業縁のことを、他力というのです。

このように、無量、無数のご縁によって、ただ今のこの瞬間があり得ている。それはどうにもならない。そのままに引き受けていかざるを得ない。そういういのちを、今いただいている。この縁起のことを、他力というのです。

他力という言葉には、大きく分けると二種類の使われ方があります。親鸞聖人は、如来大悲の誓願であるご本願《ほんがん》を他力としていただかれた。これが真《しん》宗《しゅう》の基本です。『無量寿経《むりょうじゅきょう》』に説かれているご本願に対しては、わがはからいは何の役にも立たない。だから、ご本願は他力です。これは親鸞聖人の真宗の教えのいちばん基本なのです。

それについて、その他力とは何かといったら、縁起の道理なのです。業縁のままに生きる。因縁のままに生かさせてもらっている。これが他力なのです。

浄土真宗は、仏教のいちばん基本的な縁起の道理を他力と言い換えたのです。これは、やはりすごいことです。「他力でございました」と、これが仏教の、お釈迦さまが発見された縁起の道理です。縁起のままにしか生きていない私でした。それを精一杯生かさせてもらいます。これは他力の世界です。

縁起するいのち

お釈迦さまは、「生死するいのち」を生まれ変わり死に変わりを続けて輪《りん》廻《ね》に「流転《るてん》するいのち」としていた当時のインド宗教の中にあって、生死するいのちを私が選んだいのちでもなければ、私のはからいで変わるようないのちでもない、みんな業縁のままに生かさせてもらう、そういう「縁起するいのち」と見定められたのです。ここから、仏教が始まっていくわけです。だから、いのちは平等でなければならないというのが、仏教のいちばんの基本です。それを説明する道理として、無量、無数と言っていいほどのご縁によって、ただ今のこの瞬間があり得ているという縁起の道理があるのです。

今、私と皆さんとの、この瞬間もそうです。皆さん方がそこにおられて、私の話を聞いてくださっているから、ここで話をしている私がいるのです。ここで話をしている私以外に、私はいません。控え室でテレビを見ている私はいません。私は、この瞬間しか生きていないのです。皆さん方も、この瞬間しか生きていないのです。

もし、皆さん方が全員一人残らず日を間違えて、だれもここにいなかったら、私は話していますか。話していない。聞いてくださっている皆さんがいるから、お話をしている私があるのでしょう。

うれしいではないですか。しかも、ご本尊を背にして、お釈迦さまのお話をさせてもらっているのです。少し俗っぽい言い方をすれば、いま私はものすごいハッピーなのです。一日二十四時間あるけれども、こんなハッピーな時間はもうすぐ終わるのです。二十四時間ずっとハッピーというわけにはいかないのです。

こんなすごい瞬間を、皆さん方が、いま私に与えてくださっている。うれしくて、うれしくて、皆さん方が光ってくるのです。こんなすごい瞬間を私に与えてくださったと、謝念で光ってくるのです。これは、自分でつくろうと思っても、無理なのです。皆さん方が、つくってくださっているのです。そういう瞬間、瞬間を、私たちはいただきながら生きているのです。

ともすると、私たちは自己存在は個人として単独で存在していると実体に考えますが、生まれてからこの方、そのように単独で存在したことは一瞬たりともありません。いかなるときも相互に関係しあって、私は私となり、皆さんは皆さんとなっているのです。

いのちの連帯性

比叡山《ひえいざん》を開かれた伝教大師《でんぎょうだいし》は、お弟子さんたちに、「立派に修行をして一隅でもいいから照らす人間になれ」と言われました。「一隅を照らす」は、今も天台宗《てんだいしゅう》の大事な運動になっています。これは、ほんとうにまじめな教えだと思いますが、お釈迦さまは、そうはおっしゃっていないのです。照らす人間になるのではない、「照らされているわが身に目覚めよ」、これが仏教の基本であると思います。ご縁によっていのちをいただいていたのだなといって、ご縁に手を合わすことができる。そういう照らされているわが身であったなということに目覚めさせてもらう。これが縁起の道理についての深い味わいなのです。

無量、無数と言っていいほどのご縁によって、ただ今のこのいのちがあり得ているということは、お互いのいのちは、連帯し合っているということです。私だけでいるのではない。皆さんだけでいるのではない。私と皆さんが連帯し合っている。どのような境遇においても、かならずいろいろなつながりの中で、人間は共に生き合っているのです。決して一人では生きていません。一人では生きられません。そういう、お互いのつながりの中に生きているという自己存在に対する目覚めをいただくのも、この縁起の道理なのです。だから、私はそれを「いのちの連帯性」と言っている。人間は、いのちは平等でなければならないというお釈迦さまのお覚りをいただいて、あらゆるところと時においても、いつも連帯し合って生きているのである。これが仏教の基本です。

お釈迦さまは、「如来が世に出ずるも出でざるも、この縁起の道理は永遠の真理である。存在するものの在り方（法性）である。ありのままの在り方（真如）である」と説いておられます。お釈迦さまはご自身のことを如来と言われますから、言い換えれば、「たとえ私がこの世に生まれることなく、縁起の道理を説くことがなかったとしても、縁起の道理は永遠の真理である」ということです。

そういう縁起の道理の発見によって、「流転するいのち」を「縁起するいのち」と、きちんと見定め直した。ここに仏教のスタートがあるわけです。

涅槃寂静の世界に帰る

ご縁によって今あるいのち

お釈迦《しゃか》さまは、永遠に生まれ変わり死に変わりを繰り返しているのがいのちであるという考え方ではなく、いのちはご縁によって、ただ今の瞬間あり得ているのであると説かれた。だから、ご縁が欠ければ、「娑婆《しゃば》の縁つきて、ちからなくしておわるときに、かの土《ど》へはまいるべきなり」、私を私たらしめているすべてのご縁が消えていった、尽きていった、そして私のいのちとして輝いて、息づいてくださったいのちが、しずまっていった。そういういのちの行く末を明らかにしたのです。これが仏教なのです。

自分のいのちは、生まれ変わり死に変わりして、永遠に続いていくのではない。私のいのちをいのちたらしめていたご縁のすべてをお返しして、静かな世界へと帰っていくだけである。そこに輪廻の世界からの解脱が実現される。これをお釈迦さまは「涅槃寂静《ねはんじゃくじょう》」と説かれた。涅槃は静けさである。涅槃寂静というのが、お釈迦さまの往生論だと言っていいと思います。涅槃は静けさであるという、このお釈迦さまの往生論が、ご本願の中にきちんと説き継がれているのです。

ところで、ご縁によって、ただ今のこの瞬間があり得ているということについて、もしかすると、皆さんが十分にご了解されていない、あるいは、もしかすると誤解されているかもしれないということについて、二つほどお話してみたいと思います。

私たちは、ご縁によって、ただ今のいのちを賜わっているというけれども、皆さん方は、お説教やご法話で、「私たちは、ご縁をいただいて、生かされております」というように聞きませんか。これはちょっとおかしいのです。ご縁をいただくとなると、いただく私が先にいるのです。いただく私がいなければ、いただけません。そうでしょう。いただく私が先にいたら、都合のいいご縁だけが欲しい。都合の悪いご縁は要らない。縁起がいいとか悪いとか、縁起をかつぎます。これが人間でしょう。それでは「福は内、鬼は外」になってしまうのです。

お釈迦さまが、そんな教えを説かれるはずがないのです。私がご縁をいただいて生かされているのではないのです。ご縁が私となっているのです。「福も内、鬼も内」なのです。福と鬼が私となってくださっている、そういういのちの真実に目覚めよ。そして、それを喜べる人間になれ。これが仏教なのです。ここのところをきちんと押さえなければなりません。

ご恩思えばみなご恩

浅原才市《あさはらさいいち》さんという妙好人が、このことをきちんといただいている詩があります。才市さんは、山陰の出身で、本願寺派のお寺のご門徒です。その才市さんの詩に、こういうのがあります。

ご恩思えばみなご恩
この才市もご恩でできました
なむあみだぶつ、なむあみだぶつ

これはすごい詩です。才市さんは、ご縁を、ご恩といって、もっと深くいただいたのです。「ご恩思えばみなご恩」、この私の都合のいいものも悪いものも、みなご恩でございました。そして、「この才市もご恩でできました」と、これがすごいのです。才市さんは、どれほど仏教を聴聞《ちょうもん》されたかわかりませんが、並の妙好人《みょうこうにん》なら、「この才市もご恩をいただいて、生かされております」と言うでしょう。これは間違いではないけれども、レベルが低いのです。私より低いのです。「この才市もご恩でできました」、これが本物の念仏者です。そして、そのあとに「なむあみだぶつ、なむあみだぶつ」と、お念仏がある。これがすごいのです。「そういういのちへの目覚めを、お念仏を通していただきました。ありがとうございます」と言っているのです。だから、「ご恩思えばみなご恩、この才市もご恩でできました、なむあみだぶつ、なむあみだぶつ」。これは大学の試験でいえば、百点満点の百二十点ぐらいの回答です。完璧に仏教の基本的な教えを押さえておられる。

だから、ご縁をいただいて生かされているのではないのです。ご縁、ご恩が私となってくださっている。それを全部取り払ったら、私などというものはありませんと、これが仏教のいのちに対するいただき方なのです。

龍樹菩薩の教え

それから、もう一つの誤りについては、私たちは、過去のいろいろなご縁があって、ただいまの私があると、教えてもらっていませんか。これも間違いです。仏教はそうではない。たとえば皆さんはどうでしょうか、種から芽が生えるというのは、おかしいと思いませんか。龍樹菩薩《りゅうじゅぼさつ》は、「種から芽が生えるのなら、芽の生える前に種があることになる。まだ芽が生えていないのに種であるのなら、石ころも種だ」と言っているのです。意味がわかりますか。

皆さん方は、お米の種からお米の芽が生えるというのは、間違いないと思うでしょう。ちょっと言葉が欠けているのです。生える「はずだ」がない。まだ生えていないのです。生えない前に、皆さん食べてしまっているでしょう。あれは種ではないのです。あれは穀物なのです。

だから、龍樹菩薩は、芽が生えたときに、「あれが種だったな」と、種がいただけるというのです。現在のこの私において、「あれがご縁だったな」といただけるのです。それを科学的な因果論では、種から芽が生えるはずだと仮設するのです。そして科学は、たくさん失敗を繰り返している。「はずだ」が、ときどき外れてしまう。そのように、科学はいろいろ過ちを犯しながら発達してきているわけです。

もう一つの譬えをあげますと、親から子が生まれるといった場合は、どうでしょうか。親が先にいるのでしょうか。そうしたら、龍樹菩薩《りゅうじゅぼさつ》は、「子どものいない親がいることになる」というのです。龍樹菩薩は、「世間では、親から子が生まれるというけれども、私から言わせれば、子どもから親が生まれている。どちらが因なのか、どちらが果なのか、わからない」といって、世間的な因果論を皮肉っているのです。

だから、ただ今の、この瞬間の中にご縁が見えてくる。私が親となれたのは、子どもを授かったからなのだと、子どもがご縁として見えてくるのです。子どもは子どもで、私がこの世にいるのは、お父さん、お母さんのおかげだといって、親がご縁として見えてくるのです。

今の私が自覚する因縁

だから、過去にご縁があるのではないのです。ただ今の私のほうから見えてくるのです。それから地獄必定《じごくひつじょう》という未来も見えてくるのです。私のようなものは、地獄しか行き場のない人間だと、地獄が見えてくる。見ないでおこうと思っても見えてくる。どうしようもない。地獄など考えない人には、地獄はないのです。地獄という世界がどこかに転がっているわけではないのです。地獄は見えてくる。自覚されてくるのです。過去の因縁も客体的にあるのではないのです。見えてくるのです。自覚されてくるのです。

それで、仏教では、その自覚されたものだけが因縁なのです。見えてこないものは因縁とはならないのです。「あれがご縁だったな、もったいないなあ」と見えてきたときに、それがご縁なのです。科学は違います。科学の世界は、見えても見えなくても、客体的に「種から芽が生えるはずだ」となっているのです。

仏教は、ただ今のこの身において、「ああ、あれがご縁であったな、もったいないなあ」と、そういう世界を自覚していく、これが、仏教の因果応報《いんがおうほう》ということなのです。

だから、科学的な因果のように、客体的に因があって果があるというのではないのです。現在からその因が見えてくる。こころの問題として見えてくる。これが、仏教の大事なところなのです。

そうすると、人間の場合は、もっと厳しいのです。子どもから親として見てもらえなければ、親ではないことになるのです。人間は、子どもから「お父さん、お母さん」と言ってもらわなければ、親になれないのです。子どもの立場から、「ああ、私がここにこうして生まれさせてもらったのは、親のおかげでございます」といって、親を因縁として認めてもらえなければ、親になれないのです。これは人間の厳しいところです。

それから、親は親として、子は子として、親は「子どものおかげで親と呼ばれる身になった、ありがとう」と、子どもをそのご縁として喜ぶ。子どもは子どもで、「お父さん、お母さんのおかげで、この世にいのちをいただきました」といって、親をそのご縁として喜んでいく、そういうように、お互いがお互いのご縁となっていく世界が、縁起の世界なのです。

だから、無量、無数といっていいほどのご縁によって、ただいまの瞬間があり得ているということは、この瞬間の中にご縁を自覚していく、これが仏教の因果応報《いんがおうほう》ということなのです。

縁起するいのち、他力のいのちを生かさせてもらっているということの意味を、二つだけ確認しました。一つめは、ご縁をいただいて生きているのではない。ご縁が私となってくださっているのである。二つめは、過去の因縁によって今の自分があるのではない。ただ今の自分の中に、過去の因縁が見えてくる。自覚されてくる。「もったいないことでございます」と自覚されてくる。あるいは、「なんと情けない自分でありましたか」という過去の因縁が見えてくる。これが仏教でいう、ご縁によって、ただ今のいのちを賜っているということの基本的な二つのいただき方なのです。

ご縁をいただいて生かされておりますと言っても、間違いではないのです。けれども、ちょっと浅いのです。それから、過去の因縁によって今の自分があるというと、過去の因縁に責任を負わせて、今の自分に責任を持たないという変なことが起こります。現在の自分のうえにすべての責任があるのです。そういう厳しい教えが、その中に含まれている。まず、このことを確認しておきたいと思います。

消滅していくご縁

そうしますと、私を私たらしめていたすべてのご縁が消えていったときはどうなるか。お釈迦さまという方は、大変ご説法の上手な方で、大事なことは自分で答えないのです。質問して相手に答えさせるのです。これは見事です。一方的に答えを言ってしまうと駄目なのです。皆さん方も、今日、私が一方的に話している講話を聞いているわけですから、たぶんこの部屋を出たら、ほとんど忘れてしまうと思います。一週間経ったら、「あのときの講師さんは何というお名前だったかな」ということになる。それが人間というものなのです。

蓮如上人《れんにょしょうにん》にそういうことをお尋ねになったおばあちゃんがあります。

「今日は、もったいない、ありがたい話を賜わりましたけれども、ザルから水がこぼれるように、お寺の門を出たら、全部忘れてしまいます。どうしたらいいでしょうか」

と。そうしたら蓮如上人は、

「ザルを水につけておきなさい」

と言われたそうです。そのぐらいの覚悟で聞かなければ駄目だということです。これもすごいことです。私なら、「人間とはそんなものだ」といって、認めてしまうけれども、蓮如上人は認めないのです。

そういうもので、一方的にお話をすると、会場の外に出た途端に、今日の夕食のことなどが頭に浮かんできて、話の内容は忘れてしまうのです。だから、お釈迦《しやか》さまは、大事な話は一方的に言わないで、相手に答えさせるのです。

「弟子たちよ、私たちは、このご縁によって出来上がっている。そうすると、この体は、変化するものであろうか、変化しないものであろうか。無常であろうか、常住であろうか」

「世尊よ、ご縁によって出来上がっている体でございますから、無常でございます。刻々と変化しております」

「弟子たちよ、変化するものは、楽しみであろうか、苦しみであろうか」

「世尊よ、この幸せをなんとか握りしめておきたいと思っても、変化していきます。私たちが握りしめるような楽しみは全部変化して苦しみに変わっていきます。若さを謳歌していても年を取ります。健康を謳歌していても病気になります。生きていることを謳歌していても必ず死にます。みんな変わっていきます。そうすると、無常なこの体は、苦しみでございます」

「弟子たちよ、それでは、無常であり苦しみであるこの体に、変化しないような私というものがあるだろうか」

「世尊よ、無常であり苦しみであるこの体の中に変化しない私というものがあるはずがありません」

お弟子さんは、お釈迦さまから質問をされて、考えて答えているのだから、忘れようがないのです。この体には、変化しない私などありません。それを仏教では、「我れ無し」、無我《むが》というのです。

この体は、娑婆《しゃば》の縁によってオギャーと生まれ、そして縁が尽きれば、いのちを終えていく。そのときに、私を私たらしめていた、あらゆるご縁が全部取り払われていったときに、これだけはご縁に関係ない私として残るのだと、何かが残ると考える人は、今から仏教徒をやめてください。仏教は、何もないという教えなのです。

涅槃寂静の世界に帰る

親鸞聖人《しんらんしょうにん》が言っておられるでしょう。

娑婆《しゃば》の縁《えん》つきて、ちからなくしておわるときに、かの土《ど》へはまいるべきなり。

「かの土」は、お浄土でしょう。私を私たらしめていたすべてのご縁が尽きた。消え去っていく。それをお釈迦さまは「涅槃寂静《ねはんじゃくじょう》」といわれた。涅槃は静けさである。静かな世界へと帰っていく。私たちは、私のいのちを私のいのちたらしめた、いのちの世界へと帰らせてもらう。これが帰命《きみょう》無量寿《むりょうじゅ》如来《にょらい》です。親鸞聖人は「帰命《きみょう》は本願招喚《ほんがんしょうかん》の勅命《ちょくめい》なり」と、帰命の命とは勅命、すなわち本願からの命令であるといただいています。無量寿なるいのちとしての、その仏さまのいのちに帰って来いというお招ねきなのです。これが「浄土に往生する」ということです。

私という何かが残っていて、どこかへ行くのではないのです。私という何かが残っていてどこかへ行くということになると、他界往生《たかいおうじょう》といって、間違った往生の理解となるのです。「娑婆《しゃば》の縁《えん》つきて、ちからなくしておわるときに、かの土へはまいるべきなり」。そういう私たちの死すべきいのちの待っている世界、それをお釈迦《しゃか》さまは、「涅槃寂静《ねはんじゃくじょう》」と言われたのです。

そのことをまた、蓮如上人《れんにょしょうにん》は「入滅《にゅうめつ》」と言われました。親鸞聖人《しんらんしょうにん》のご命日《めいにち》に読まれる『御文《おふみ》』の中に、「それ聖人御《しょうにんご》入滅《にゅうめつ》は、すでに一百余歳《いっぴゃくよさい》を経《ふ》といえども、かたじけなくも目前において、真影《しんねい》を拝《はい》したてまつる」と、あるでしょう。親鸞聖人が、滅に入られて、百年以上が過ぎました。それなのに、ご真影《しんねい》を拝したてまつる、ありがたいなあと、そういうお言葉でしょう。

だから、いのちを終えていくということは、滅に入るということ。滅ということは涅槃《ねはん》です。涅槃のことを消滅というのです。私を私たらしめたあらゆるご縁が消えたというのが、涅槃ということなのです。煩悩《ぼんのう》だけが消えるのではないのです。すべての娑婆《しゃば》のご縁が消え去って尽きていった。そして、静かな世界へと帰っていく。これが、浄土に往生するという、いのちの行方なのです。ご縁によっていただいている「生死《しょうじ》するいのち」とは「縁起するいのち」であると、いのちの真実が明らかになったとき、そのいのちの行方も明らかとなるのです。

そういう、ただいまのいのちを生かさせてもらっているということが、ご本願によって明らかになったときに、すなわち、如来の大悲によって常に照らされているという身の事実が明らかになったときに、ただいまのこの瞬間が、どんなに重くて、どんなに大事で、尊いものかがいただけてくる。それを生き尽くして、そして、私のいのちをいのちたらしめた世界へと帰らせてもらっていく。それが、浄土に往生するということ。そういういのちを生かさせてもらっておりますと、それを信楽《しんぎょう》するとき、そこに浄土に往生したいと願う現在の私がいるわけです。

それなのに、それを信楽できないでいる、それが煩悩成就の凡夫なのです。現代の日本人が死後を問うことを無意味としているのもそれと同じなのです。

必至滅度の願果を得る

このことは、なにも浄土真宗《じょうどしんしゅう》だけではなく、仏教全体のいのちの行方なのだけれども、このことを親鸞聖人《しんらんしょうにん》は、ご本願の中からきちんといただいておられます。

『正信偈《しょうしんげ》』の中の、

本願名号正定業《ほんがんみょうごうしょうじょうごう》、至心信楽願為因《ししんしんぎょうがんにいん》、成等覚証大涅槃《じょうとうがくしょうだいねはん》、必至滅度願《ひっしめつどがん》
成就《じょうじゅ》、如来所以興出世《にょらいしょいこうしゅっせ》、唯説弥陀本願海《ゆいせみだほんがんかい》

ここが大事なところです。

南無阿弥陀仏とお念仏をいただくことが、真宗《しんしゅう》に生きるものとしての正しく定った行ないであることがご本願の中に説かれている。そのことによって、至心信楽《ししんしんぎょう》の願は、第十八願《だいじゅうはちがん》ですが、阿弥陀如来《あみだにょらい》の極楽世界に生まれたいと願うものを迎えとる。その至心信楽の願が因となって、お釈迦《しゃか》さまが等《とう》覚《がく》をなし、大涅槃《だいねはん》をお覚りくださり証明してくださっている、必至滅度《ひっしめつど》という願《がん》が成就《じょうじゅ》するのである。必至滅度の願というのは第十一願です。かならず完全な消滅へと至らしめますというのが、必至滅度なのです。滅度《めつど》というのは、完全な消滅。これを親鸞聖人《しんらんしょうにん》は、「無上涅槃《むじょうねはん》」とも言っておられま

す。この上ない涅槃です。

これはまた、『浄土三経往生文類《じょうどさんぎょうおうじょうもんるい》』の中の「大経往生」では、親鸞聖人はこう言っておられます。

念仏往生《ねんぶつおうじょう》の願因《がんいん》によりて、必至滅度《ひっしめつど》の願果《がんか》をうるなり。

念仏往生の第十八願が因となって、かならず滅度にいたらしめるという第十一願が果として得られるのである。第十八願のことを「念仏往生の願」ともいいますし、『正信偈《しょうしんげ》』での、「至心信楽《ししんしんぎょう》の願」のことです。

皆さんが毎日拝読している『正信偈』の中で、本願のお名前が出てくるのは、この二つだけです。そのほかの誓願《せいがん》のお名前は出てきません。これが基本なのです。

このように、第十八願によって、第十一願が成就するという、このことをお釈迦《しゃか》さまがお説きになったと、親鸞聖人《しんらんしょうにん》がいただいているのが「如来所《にょらいしょ》以《い》興《こう》出世、唯説《ゆいせ》弥陀《みだ》本願海《ほんがんかい》」です。「如来所以興出世」の「如来」というのは、お釈迦さまです。お釈迦さまがこの世にお生まれになったのは、阿弥陀仏のこの二つのご本願を説かんがためであったと。

「本願海《ほんがんかい》」というと、漠然としているけれども、この『正信偈《しょうしんげ》』の文脈からいうと、至心信楽《ししんしんぎょう》の願《がん》と、必至滅度《ひっしめつど》の願《がん》のことを言っているのです。ご本願は、海のように、汲めども汲めども尽きず、いっぱいあるけれども、その中から、至心信楽の願が因となって、必至滅度の願が成就するという、二つのご本願を、親鸞聖人は四十八願《しじゅうはちがん》の中から選び取られて、私たちのいのちの行く末を、お釈迦さまの教えにもとづいて、きちんとお示しくださっているわけです。

ならないのです。

お浄土はいのちのふるさと

親鸞聖人《しんらんしょうにん》は、お浄土に往生するということは、必至滅度の願、第十一願が成就することであると、はっきりいただいておられるわけです。ですから、私たちは、そこのところを、きちんといただいて信楽《しんぎょう》していかなければならないのです。

お釈迦《しゃか》さまの教えが浄土思想となって、親鸞聖人《しんらんしょうにん》のうえにきちんと結びついている。親鸞聖人は『教行信証《きょうぎょうしんしょう》』の中で、それを「真宗《しんしゅう》の正意《しょい》」といただいておられるのです。このことが真宗の基本なのです。

最後に、そういう私たちの「生死《しょうじ》するいのち」は、「縁起するいのち」であると見定めた仏教において、そのいのちが、「娑婆の縁つきて、ちからなくしておわる」、そういうことがどういうことかということについて、あの有名な禅宗《ぜんしゅう》の一休《いっきゅう》さんは、こう言っています。

引き寄せて、結べば草の庵《いおり》にて、とくればもとの野原なりけり。

一人の旅の僧侶が、河原に生えている葦の草を切り取って束ねて、自分が中に入れるくらいの庵をつくって、そして、一夜の雨露をしのいで、また旅に出ていく。そうすると、その庵はいつの間にか束がほころびて、またもとの草原に帰っていく。それが人間のいのちなのだ。ご縁のままに生死するいのちとは、そういうものなのだ。だから、私たちが生まれて死んでいくいのちというのは、その旅の僧侶がつくった草の庵のように、またもとの広大な草原へと帰っていくのである。これが一休《いっきゅう》さんのご了解です。

それは、間違いないのです。そうなのだけれども、どう言ったらいいのか、なにか寂しい。もっと優しさがほしい。

金子大榮《かねこだいえい》先生は、同じことを違った表現でお示しくださっています。先に引用いたしましたように、金子先生の『親鸞讃歌』の中に、「流浪《るろう》の生涯《しょうがい》に常楽《じょうらく》のふるさとを慕《した》い」というお言葉があります。金子先生はこう言われているのです。「お浄土はいのちのふるさとである」。お浄土とは、娑婆《しゃば》の縁によって、ただ今のこの瞬間はあり得ているけれども、この瞬間のいのちが必ず死に帰して帰っていくふるさとである、いのちのふるさとであると。私たちは、この娑婆の世界では、ふるさとを捨て、ふるさとを忘れて生きています。しかし、お浄土は、いのちのふるさととして、私たちが忘れていても、私たちが粗末にしていても、ちゃんと待っていてくださる。

こう言われると、どうですか。帰ってみようかなと思いませんか。ありがたいではないですか。私たちが忘れていようが、私たちが粗末にし無視していようが、摂取不捨《せっしゅふしゃ》としてちゃんと待っていてくださる。そこになんとも言えない温かな世界があるのです。ふるさととして、温かく迎えとってくださる。これが真宗において顕《あき》らかにされている浄土に往生するということです。

お浄土はいのちのふるさとで、いつ娑婆の縁が尽きるかは、それぞれみな、お一人お一人、ご縁のままに違うけれども、倶会一処《くえいっしょ》です。いのちのふるさとであるお浄土へと、それぞれのご縁のままに帰らせてもらおうではありませんか。

あとがき

本書は、平成十七年五月二十三日から二十八日まで、石川県の山中温泉ホテル「翠明」を会場にして開催致しました、大谷婦人会北陸地区講習会における、小川一乗先生の「浄土に往生したいと願う」というご講演をもとにしたものです。

大谷婦人会では、毎年、北陸地区の会員の方々にご参集いただき、聞法会を開いておりますが、今回で、五十八回目を迎えました。

小川一乗先生には、真宗大谷派教学研究所長に就任されて間もないご多用の時期に、六日間にわたってお話を賜り感謝致します。

本書の刊行を機縁として、仏法聴聞の輪がますます広がりますことを、切に願っております。

合掌

平成十七年九月二十日

大谷婦人会本部事務局

小川　一乗（おがわ　いちじょう）
1936年、北海道に生まれる。
1965年、大谷大学大学院博士課程満期退学。大谷大学学長、真宗大谷派教学研究所所長を歴任。
現　在、大谷大学名誉教授、真宗大谷派講師、真宗大谷派西照寺住職、文学博士。
著　書『インド大乗仏教における如来蔵・仏性の研究』『空性思想の研究』『仏性思想』『五如理論』『大乗仏教の原点』『さとりとすくい』
以下、法藏館より『大乗仏教の根本思想』『仏教からの脳死・臓器移植批判』『仏教に学ぶいのちの尊さ』『慈悲の仏道』『仏教からみた「後生の一大事」』『仏教からみた往生思想』『小川一乗講話選集』（全3巻）、『親鸞と大乗仏教』『小川一乗仏教思想論集』（全4巻）ほか。

お浄土はいのちのふるさと

二〇〇五年一一月一〇日　初版第一刷発行
二〇一四年一二月二五日　初版第三刷発行

著　者　小川一乗
発行者　西村明高
発行所　株式会社　法藏館
京都市下京区正面通烏丸東入
郵便番号　六〇〇-八一五三
電話　〇七五-三四三-〇〇三〇（編集）
　　　〇七五-三四三-五六五六（営業）

印刷　リコーアート・製本　清水製本

ISBN 978-4-8318-8932-4 C0015